# OPINION

DE

## M. LIVINGSTON,

# SUR LE DUEL

ET SUR

## LA MANIÈRE DE LE RÉPRIMER.

PARIS.

CHEZ ACHILLE DÉSAUGES, LIBRAIRE,

RUE JACOB, N.º 5.



1829.

SAINT-DENIS.

IMPRIMERIE DE CONSTANT-CHANTPIE,
Rue de Paris, nᵒ 8.

# AVERTISSEMENT.

LE gouvernement ayant soumis aux discussions des chambres un projet de loi sur le duel, nous avons cru devoir extraire du *Système de législation pénale* de M. Édouard Livingston, tout ce qui a rapport à cette importante et difficile matière.

On sait que M. Livingston a été chargé par l'assemblée générale du sénat et de la chambre des représentans de la Louisiane, de préparer un projet de Code criminel pour cet état. Le premier rapport que ce célèbre jurisconsulte américain publia sur ce Code fit une profonde sensation parmi toutes les personnes qui s'occupent de législation pénale, et plaça son auteur au premier rang des criminalistes philosophes.

Déjà les lecteurs français ont pu apprécier l'étendue des vues et la hauteur des idées de M. Livingston, par l'édition que M. Taillandier a publiée, à Paris, du *Rapport* dont nous venons de parler (1), et par la traduction du *Code de réforme et de discipline des prisons*, qui a paru récemment par les soins de M. Charles Lucas (2).

Nous espérons que le nouveau fragment que nous avons extrait du *Système de législation pénale* de

---

(1) 1 vol. in-8°, chez Jules Renouard, rue de Tournon, n° 6.
(2) Chez A. Bossange, rue Cassette, n° 22.

M. Livingston, viendra accroître encore une réputation si justement méritée, et répandre de nouvelles lumières sur le sujet délicat qui s'y trouve traité.

Ce n'est pas que nous croyions que toutes les idées du législateur de la Louisiane pourraient être adoptées dans notre patrie; mais nous considérons la pensée fondamentale de cette partie de son système comme excellente, puisqu'elle a pour objet de réprimer un délit toujours causé par la susceptibilité du faux point d'honneur, au moyen de peines qui affectent surtout le véritable honneur.

Notre but sera rempli si les membres de nos chambres législatives peuvent puiser quelques inspirations utiles dans les méditations de M. Livingston.

# OPINION
## DE M. LIVINGSTON,

SUR

# LE DUEL

ET

## SUR LA MANIÈRE DE LE RÉPRIMER. (1)

Le titre du Code pénal qui concerne les *délits privés*, ne serait pas complet s'il ne renfermait un chapitre relatif aux duels, cette coutume qui, dans les temps modernes, semble prouver combien sont inefficaces toutes les lois opposées à l'opinion publique, et à quel degré la crainte du déshonneur l'emporte sur celle du châtiment.

Il n'est aucun sujet qui présente autant de difficultés dans tout l'ensemble de la législation criminelle. Des peines sévères ont été prononcées en vain contre ce crime, d'autant plus difficile à déraciner, qu'il domine là où le courage, la crainte du déshon-

---

(1) Ce morceau est traduit du *Rapport servant d'introduction au système de législation pénale, préparé pour l'état de la Louisiane.*

neur, et le sentiment de la dignité personnelle sont plus parfaits.

Un motif de ce désordre social a déjà été indiqué dans la partie de ce rapport qui traite des injures faites à la réputation. Partout où la loi ne donne aucun dédommagement capable de satisfaire ceux qui pensent avoir été diffamés par des imputations adressées à leur honneur ou à leur intégrité, tant que l'honneur et l'intégrité seront nécessaires au bonheur de l'homme en société, les passions humaines s'efforceront de suppléer à l'insuffisance de la loi (1). Mais la

---

(1) Cette opinion est conforme à celle de M. Bentham. « Si le législateur eût toujours appliqué convenablement un système de satisfaction, dit ce célèbre jurisconsulte, on n'eût pas vu naître le duel, qui n'a été et n'est encore qu'un supplément à l'insuffisance des lois. A mesure que l'on remplira ce vide de la législation par des dispositions capables de protéger l'honneur, on verra diminuer l'usage des duels, et il cesserait même tout-à-fait, si les satisfactions honoraires étaient exactement *au titre* de l'opinion, et fidèlement administrées. Autrefois les duels ont servi, comme moyen de décision, dans un grand nombre de cas pour lesquels ce serait le comble du ridicule de les employer aujourd'hui. Un plaideur qui enverrait un défi à son antagoniste pour prouver un titre ou établir un droit, serait réputé fou : mais au douzième siècle ce moyen eût été très-solide. D'où vient ce changement ? De celui qui s'est opéré peu-à-peu dans la jurisprudence. La justice en l'éclairant, et en s'attachant à des lois et à des formes, a offert des moyens de redressement préférables à celui du duel : la même cause produira encore les mêmes effets. Dès que la loi offrira un remède sûr contre les délits qui blessent l'honneur, on ne sera pas tenté de recourir à un moyen équivoque et dangereux. Aime-t-on la douleur et la mort ? Non sans doute : ce sentiment est également étranger au cœur du poltron et du héros. C'est le silence des lois, c'est l'oubli de la justice qui réduisent l'homme sage à se protéger lui-même, par cette

loi, dans son état actuel, offre un remède partiel dans les cas de diffamation seulement, qui supposent un manque d'intégrité et imputent quelque grand crime; et nous voyons, en conséquence, qu'on poursuit la réparation des offenses de cette nature, plus souvent par l'intervention des lois que par l'appel aux armes; tandis que le reproche de mensonge, ou de quelque faute contre les bienséances sociales sont des causes plus fréquentes de duels que les imputations de crimes sérieux. Pourquoi cela? C'est que la loi donne quelque satisfaction dans le premier cas, aucune dans le second. Une partie du remède apporté dans ce Code a été suggéré par cette considération; l'autre est tirée du motif qui conduit au délit. On entend par là, dans bien des cas, le désir de posséder ce degré de considération sociale qui élève celui qui en jouit, dans l'estime de ses concitoyens, et lui donne le droit d'espérer ces distinctions et ces places auxquelles ses talens peuvent l'appeler.

Si donc nous pouvons procurer par la loi un remède proportionné aux injures faites à la réputation, et rendre la privation des places et de la distinction publique la conséquence de toutes les tentatives qui tendraient à usurper les fonctions de la loi : si, par des peines convenables, nous donnons à ceux qui, malgré eux, prêtent assistance aux combattans, un bon prétexte pour refuser leur coopération; si, en

---

triste mais unique ressource. » (*Traités de législation civile et pénale*, t. 2, p. 355.            (*Note du traducteur*).

même temps, nous leur ôtons celui que la loi leur fournit maintenant pour refuser de porter témoignage contre les auteurs principaux du crime, nous ferons beaucoup pour diminuer la fréquence de cet usage, et pour l'extirper avec le temps, en donnant une sage direction à l'opinion publique.

En remontant à la source du mal, la première disposition du chapitre consiste à punir l'usage des mots injurieux ou les insultes faites dans l'intention de provoquer un cartel ou de flétrir l'adversaire s'il ne le propose pas ; et afin qu'une poursuite, pour un délit de cette nature, devienne un moyen de satisfaction honorable, l'article suivant porte que si le défendeur donne un désaveu, une explication, une excuse qui, dans l'opinion de la Cour, puisse satisfaire l'honneur de l'insulté, elle rendra cette excuse publique, avec son avis, par lequel elle déclare qu'elle la trouve suffisante, et renverra l'accusé des poursuites dirigées contre lui. Lorsqu'aucune explication de ce genre ne sera donnée avant le jugement, si ce jugement est dirigé contre le défendeur, il contiendra une clause par laquelle il sera déclaré nul, à la réserve des dépens, dans le cas où le défendeur viendrait à donner une explication satisfaisante pour le demandeur ; et, dans toutes les poursuites relatives à cet article, si le délit consiste dans une imputation qui compromette l'honneur ou la réputation de la personne qui a rendu plainte, et que la procédure démontre que cette imputation est sans fondement, la Cour le déclarera dans la sentence, et fera publier cette déclaration aux dépens du défendeur, et la vérité

d'une semblable accusation, si le demandeur le dé-
sire, sera jugée par jury.

Ces dispositions sont entièrement neuves; elles
donnent, ce que la loi avait refusé jusqu'ici, satisfaction pour ces espèces d'insultes qui amènent le
plus ordinairement les duels, et cette satisfaction est
de telle nature, que l'homme le plus délicat sur le
point d'honneur ne saurait rougir de la demander ou
de l'obtenir; en sorte qu'elles sont propres à prévenir
ces funestes combats, que peu de personnes, parmi
celles qui s'y trouvent engagées, qu'aucune peut-
être refuseraient d'éviter, s'il existait un autre moyen
d'échapper au déshonneur. Si, cependant, les parties
refusent ce remède à leurs torts, et donnent ou ac-
ceptent un défi qui doive amener un duel, quand
même le combat n'aurait pas lieu, la peine sera d'un
emprisonnement de deux à six mois, et de la suspension des droits politiques pendant quatre années;
si le duel a lieu, la peine est augmentée par un plus
long emprisonnement et par une prolongation de la
suspension des droits civils et politiques, en pro-
portion du dommage qui résulte de ce combat; si la
mort s'en suit, l'emprisonnement est porté à quatre
années, et tous les droits politiques ainsi que les
droits civils de la première et de la troisième classes
sont perdus pour jamais. Si la blessure qui cause la
mort a lieu par *trahison* (treachery), l'accusé est déclaré auteur d'un meurtre par assassinat. La trahison
dont il s'agit ici est définie, la violation des règles
faites pour la direction du combat, ou bien elle consiste à prendre un avantage qui est supposé n'avoir

point été dans l'intention des deux combattans; et quelles que soient les règles convenues, il est déclaré assassinat si le coup mortel a été donné après que la partie a été désarmée ou incapable de résistance par tout autre motif, ou si la partie qui a porté le coup mortel s'est vue dans la possibilité de le donner sans aucun risque pour elle-même, par l'effet d'une chance convenue d'avance entre les combattans. Ces deux dernières dispositions sont destinées à mettre fin à une coutume féroce qui a lieu quelquefois dans les duels, et l'on y parviendra, nous le pensons, en la flétrissant par la dénomination de trahison et d'assassinat, aussi bien que par les peines sévères prononcées contre ceux qui s'en rendent coupables, et dans un cas pareil, on ne trouvera, dans les préjugés du jury, aucune disposition qui l'empêche d'infliger ces punitions. Quelque impératif que nous rendions le langage de la loi, il perd sa force lorsqu'il comprend dans la même défense, sous le même nom et sous la même peine, des actes différents par leurs motifs, leurs circonstances et leurs effets. Nous pouvons, dans notre Code, donner le nom de meurtre à la mort occasionée par un duel; mais le monde n'adoptera pas cette dénomination; et un combat sanctionné par la puissance irrésistible de l'opinion publique, et qui n'est marqué par aucune circonstance de méchanceté particulière, ne sera jamais considéré, poursuivi ou puni comme un assassinat. Si vous voulez qu'il soit puni, il doit l'être sous son propre nom, et d'une peine proportionnée, et cette peine ne doit pas être infamante.

Mettez un duelliste loyal sur la même ligne qu'un

voleur ou un meurtrier, et vous assurez son impunité. Punissez-le d'une détention temporaire, étroite, mais sans infamie; ôtez-lui tout espoir d'avancement politique, et voyant qu'il ne peut échapper à la *conviction* de son crime, ni aux conséquences qu'elle entraîne; il profitera volontiers de l'occasion offerte par les lois de s'affranchir sans déshonneur de la tyrannie de la coutume; c'est en effet un caractère particulier au délit dont nous parlons en ce moment, que neuf fois sur dix, il est commis, avec une extrême répugnance, par les personnes qui s'y trouvent engagées. Que la sévérité de la peine soit donc réservée pour le cas de trahison ou de férocité; infligez une peine douce pour les duels conduits avec loyauté; punissez les insultes qui les occasionent, et vous assurerez l'exécution de la loi, vous fournirez un motif honorable aux caractères les plus fiers, pour éviter d'encourir les désavantages qu'elle établit, et vous aurez fait plus qu'on n'avait su faire encore pour abolir ce barbare, inégal et injuste mode de vider les querelles privées.

Si les magistrats, chargés de poursuivre les coupables, avaient toujours montré, pour livrer les duellistes à la justice, la même exactitude dont ils ont fait preuve lorsqu'il s'est agi d'autres délits; quoique les accusés pussent échapper à la sévérité des peines que prononce la loi, par l'indulgence des jurés, cependant le risque, les désagrémens, les inquiétudes et les frais d'un procès détourneraient du duel beaucoup de personnes, particulièrement celles qui prêtent assistance en qualité de témoins et de seconds.

Mais il semble qu'il y ait un consentement tacite et général entre les magistrats, le ministère public (*attorneys for the state*) et les grands jurés, pour regarder de telles poursuites comme une sorte de déshonneur, pour croire qu'elles forment une exception au serment de leur charge, et que ces offenses ne doivent pas être poursuivies, à moins que la partie lésée ne réclame de la manière la plus directe leur intervention, et ne produise la preuve la plus complète du délit.

Comment expliquer autrement ces violations manifestes, notoires et flagrantes de la loi, qui ont lieu si souvent en présence du magistrat, du grand jury, et des officiers chargés de poursuivre, sans qu'on trouve aucun exemple de poursuite dirigée contre elles? Pour remédier à cet inconvénient, le Code veut que l'*attorney general*, et les *attorneys* de district fassent une déclaration sous serment, et déclarent aussi sur l'honneur, qu'ils considèrent l'exécution des lois contre le duel comme une partie essentielle du devoir qui leur est imposé de veiller à ce que les lois produisent leur effet, et qu'ils s'obligent en outre à prévenir, par tous les moyens légaux, les duels dont ils auraient connaissance, et à poursuivre tous les actes contraires à cette partie du Code.

Pour prévenir plus sûrement encore ce délit, toute personne élue ou nommée pour remplir un emploi civil ou militaire, judiciaire ou administratif, ne pourra l'exercer qu'après avoir déclaré, sous la foi du serment, quelle n'a commis, et ne commettra aucun des délits désignés dans ce chapitre.

Je n'ignorais pas en établissant ces moyens préventifs, qu'on y a eu recours en partie dans quelques autres États, et qu'on ne les a pas regardés comme un remède convenable. Mais je crains, que dans le cas où ils ont manqué leur effet, on ne les ait pas soumis à une pleine et franche épreuve; et je tiens de la première autorité, que du moins dans l'un des États, ils ont obtenu un résultat presque complet, au point que les duels sont devenus extrêmement rares, dans un pays où ce désordre avait fait précédemment les progrès les plus alarmans. Dans une lettre que le grand juge ( *chief justice* ) des États-Unis, a bien voulu m'écrire, il dit : « Il y a quelque opposition dans les opinions relativement aux duels. Je suis du nombre de ceux qui pensent que la plus grande sagesse est nécessaire pour les prévenir. La source de cette coutume est un sentiment d'honneur; il faut, si nous voulons la détruire, consulter la passion d'où elle dérive. Il faut mettre l'ambition aux prises avec le faux honneur; l'ambition seule peut le combattre avec avantage dans une âme jeune et ardente. La privation des droits politiques que je vous propose, me paraît une peine qui convient spécialement à ce délit. L'efficacité, comme dans beaucoup d'autres cas, dépend de la certitude que l'on a que la loi sera exécutée. Si vous comptiez seulement sur des jugemens publics (*convictions*), cette certitude n'existerait pas. Dans le cas même où la mort résultera du duel, les poursuites n'auraient pas toujours lieu. Si elle n'en résulte pas, bien plus encore, si le duel n'a pas eu lieu, toute l'affaire sera la plupart du temps étouffée et les cartels ne seront pas entièrement anéantis. Le serment que vous exigez de toute personne élue ou nommée à un emploi, avant qu'elle entre en fonctions, est je pense la meilleure, et peut-être la seule mesure que la sagesse humaine puisse imaginer. Son efficacité a été reconnue en Virginie, où un serment semblable est prescrit, et a été rigoureusement exigé. Il en résulte que le duel, si fréquent auparavant, est maintenant presqu'inconnu dans cet état; et l'opinion publique, à cet égard, est entièrement changée. » Cette haute autorité, appuyée comme elle l'est toujours sur un argument irréfragable pour les doctrines revêtues de son approbation, m'a confirmé dans le dessein de conserver dans le Code que je vous soumets, les dispositions que je viens d'exposer. Le même sentiment de faux honneur qui conduit à la violation des lois et fait commettre ces délits, en rend la punition plus difficile. Les témoins se prévalent du principe qu'ils ne peuvent être contraints à constater une chose susceptible de les compromettre eux-mêmes; aussi ne peut-on déterminer les seconds, les chirurgiens ni les autres personnes qui ont volontairement assisté aux duels, de faire aucune déposition; ensorte que des faits connus de tout le monde, publiés dans tous les journaux, qu'il faut connaître et éclaircir, pour décharger les parties du crime atroce d'assassinat, qu'elles ne peuvent par conséquent, désirer de tenir secrets, de tels faits peuvent rarement être prouvés devant une cour de justice.

Pour obvier à cet inconvénient, on a, dans une autre partie du système proposé, déclaré que ceux qui

auraient servi de témoins dans un duel ou qui y auraient assité en qualité de chirurgien, pourraient
être forcés de porter témoignage contre les auteurs
principaux du délit; et qu'une personne ainsi entendue ne pourrait être elle-même punie pour ce
même délit. — Cette disposition, jointe à la privation des droits civils et politiques infligée au té-
moin, s'il est convaincu du délit, réduira presque les
duellistes à l'impossibilité de trouver des amis qui
consentent à les assister, et la suspicion, déshonorante
et dangereuse qui s'attache à celui qui survit, dans
un duel sans témoins, élevera généralement un obstacle insurmontable contre ces cartels.

La fréquence de ce délit dans notre état, la grande
quantité d'hommes recommandables qui ont perdu
la vie pour ce faux point d'honneur, la détresse dans
laquelle tant de familles ont été plongées, et la férocité
singulière qui a caractérisé cet usage, dans ces dernières années, tout justifie l'attention de la législation, et appelle son intervention spéciale; non sous
le rapport de la sévérité des peines; non pour établir
des châtimens qui ne sont jamais appliqués, mais
pour des remèdes préventifs, pour des lois douces,
faites de manière que leur exécution soit assurée, et
en faisant disparaître, en bien des cas, le prétexte de
vengeance privée, que fournissait l'insuffisance de la
justice publique.

# SYSTÈME

DE

# LÉGISLATION PÉNALE,

### DESTINÉ A L'ÉTAT DE LA LOUISIANE.

## LIVRE II.

## TITRE XIX.

### DES DÉLITS CONTRE LES PERSONNES ET LES INDIVIDUS.

### CHAPITRE VI. — *Des Duels.*

Article I<sup>er</sup>. Si une personne fait des gestes ou tient des propos injurieux sur le compte ou en face d'un autre individu, ou l'assaille (*make an assault*) dans l'intention de provoquer de sa part un appel en duel, ou de le mettre dans l'alternative de se déshonorer, l'auteur du délit sera condamné à une amende de 5o à 3oo dollars, ou à un emprisonnement de cinq à trente jours.

Art. II. Si le défendeur, poursuivi pour un des délits énoncés dans l'article précédent, donne un désaveu, une explication, ou une excuse que la cour juge suffisans pour satisfaire l'honneur du demandeur, elle les fera enregistrer et publier avec son jugement qui déclarera la satisfaction suffisante ; elle pourra, suivant qu'elle le jugera convenable, acquitter le défendeur, à la réserve des dépens.

Art. III. Lorsqu'un jugement sera prononcé dans le cas du délit dont il est parlé dans l'article Ier, il contiendra une clause par laquelle il sera annulé, excepté en ce qui concerne les dépens, si le défendeur fait une excuse satisfaisante pour le demandeur.

Art. IV. Aucun jugement rendu contre un individu convaincu d'un délit prévu par ledit article, ne sera un obstacle à ce qu'il y ait poursuite ou procès pour diffamation ou provocation pour la même cause, à moins que la satisfaction donnée par le défendeur n'ait été acceptée, ainsi qu'il a été dit dans le précédent article.

Art. V. Dans le cas où le délit dont est question renfermerait une imputation contre l'honneur ou la réputation de la personne qui aurait porté plainte, et où l'enquête faite à l'occasion du procès viendrait à prouver que cette imputation est sans fondement, la cour en fera la déclaration dans la sentence, et la fera publier aux dépens du défendeur ; et si l'une des parties le demande, la question de savoir si l'accusation est bien ou mal fondée, sera décidée par le jury.

Art. VI. Quiconque fera ou acceptera un appel en duel, sera condamné à un emprisonnement de deux à six mois, et sera suspendu de ses droits politiques pendant quatre ans.

Art. VII. Quiconque se sera battu en duel, s'il ne

fait à son adversaire aucune blessure, sera condamné à un emprisonnement de six mois à un an, et suspendu de ses droits politiques pendant six ans. S'il a blessé son adversaire, mais que la blessure n'ait occasioné ni la mort ni aucune infirmité incurable, l'emprisonnement sera d'un an à dix-huit mois, et la suspension des droits politiques de huit ans. Si celui qui s'est battu en duel cause à son adversaire une infirmité incurable, l'emprisonnement sera d'un an au moins, et la suspension des droits politiques et des droits civils de première et troisième classes durera sept ans. Si la mort ou une blessure mortelle résulte du combat, l'emprisonnement sera de deux à quatre ans, et le coupable sera privé pour toujours de l'exercice de ses droits politiques et des droits civils de première et troisième classes. Si la mort ou la blessure mortelle provient d'une trahison (*treachery*), celui qui en est l'auteur sera déclaré coupable de meurtre par assassinat, et subira la peine infligée par ce Code à tous ceux qui sont convaincus de ce crime.

Art. VIII. Quiconque donnera le conseil à un autre de se battre en duel, tiendra sur son compte des propos injurieux, ou lui adressera en face des reproches pour n'avoir pas porté ou accepté un cartel, ou ne s'être pas battu en duel, sera condamné à une amende de 50 à 500 dollars, ou à un emprisonnement de trente jours à six mois.

Art. IX. Celui qui aura porté, soit par écrit soit verbalement, un défi dont il connaîtra l'intention, sera condamné à une amende de 100 à 1,000 dollars.

à l'emprisonnement de deux à six mois, et suspendu de ses droits politiques pendant trois ans.

Art. X. Si un défi a été donné et accepté dans cet état, et que les parties en sortent pour aller se battre, la peine, pour avoir donné ou accepté le défi, sera la même que si tout le délit avait été commis dans cet état.

Art. XI. On commettra un délit dans le sens de l'art. I$^{er}$ si les gestes ou les propos insultans s'adressent à l'individu qu'on a intention de provoquer, si on l'assaille lui-même, ou si les mêmes provocations s'adressent à une autre personne qui le touche d'assez près pour que l'intention exprimée dans ledit article soit bien prouvée.

On entend, dans le même article, par déshonneur la perte de l'estime de ceux qui pensent que les offenses de cette nature doivent être vengées par un appel en duel.

Art. XII. Les mots *se battre en duel*, dans ce chapitre, sont pris dans leur sens commun et général : ils veulent dire s'engager dans un combat volontaire, homme contre homme, avec des armes qui peuvent donner la mort.

Art. XIII. Un défi est une proposition de se battre en duel, soit verbale, soit écrite ou par message, en quelque langue qu'elle soit conçue, et pourvu qu'il résulte des circonstances qui se rattachent à la proposition, qu'elle ait été évidemment entendue en ce sens par la partie qui provoque, ou par celle qui accepte, quelle que soit la personne accusée.

Art. XIV. L'acceptation d'un défi est le consentement donné à la proposition de se battre en duel, soit en des termes formels ou autres, soit écrit ou oral, pourvu que ce consentement résulte clairement des circonstances qui l'ont accompagné.

Art. XV. La trahison est la mort occasionée par la violation des règles du combat, ou par tout autre avantage qui, sans être expressément contraire à ces règles, n'aurait pas cependant été supposé être entré dans l'intention des combattans.

Art. XVI. Il y a assassinat si la blessure mortelle a été faite avec intention à l'une des parties, après qu'elle est devenue incapable de résistance, ou qu'elle a été désarmée, ou par toute autre circonstance venue à la connaissance de l'auteur de la blessure; que cette circonstance ait été prévue ou non par une règle du combat.

Art. XVII. Il y a assassinat et non pas duel si la mort a été donnée, ou la blessure mortelle faite par une partie qui a obtenu la possibilité de l'infliger, sans risque pour elle-même, par l'effet d'une chance convenue d'avance. La mort, causée par une personne qui a obtenu un pistolet chargé, par une chance convenue, lorsque celui dont son adversaire s'est servi ne l'était pas, est un exemple de ce que l'on entend par cette disposition.

Art. XVIII. Pour arriver avec plus d'efficacité à l'exécution des dispositions de ce chapitre, l'*attorney general* et les *attorneys* des districts de cet état, et tous les officiers de justice, lorsqu'ils seront admis à prêter le serment de leur emploi et tous ceux qui seront en exercice, au moment de la promulgation de ce Code, ou dans les quinze jours qui la suivront, et tous les grands jurés quand ils prêteront leur serment, signeront une déclaration conçue dans les termes suivans : — « Je déclare que je considère comme une obligation que mon devoir m'impose, de traduire en justice tous ceux qui contreviendraient aux lois, sans en excepter les duellistes ; et je promets sur mon honneur que, dans toute l'étendue du territoire où j'exerce mes fonctions, je préviendrai, par tous les moyens légaux, les duels que j'aurai lieu de supposer être projetés, et que je poursuivrai tous ceux qui, à ma connaissance, contreviendraient aux dispositions contenues dans le chapitre du second livre du *Code pénal* de cet état, intitulé *des Duels*. »

Les mots *je poursuivrai*, dans ladite déclaration, seront changés, lorsqu'il s'agira des grands jurés, en ceux *je déclarerai coupables* (*indict*) ; et lorsqu'il s'agira des officiers de justice, en ceux *je porterai plainte contre*.

Art. XIX. Tous les officiers civils ou militaires, judiciaires ou adminstratifs actuellement en fonctions, dans les trente jours qui suivront la promulgation de ce Code, s'ils sont alors en fonctions, ou tous ceux qui seront nommés ou élus après, au moment où ils prêteront le serment de leurs charges et avant qu'ils entrent en fonctions, se présenteront devant un magistrat, et signeront, sous la foi du serment, la déclaration suivante : — « Je jure solennellement que je ne me suis pas battu en duel, que je n'ai pas donné ou accepté de défi pour me battre en duel depuis la promulgation du Code pénal de l'état de la Louisiane , et qu'à l'avenir je me considérerai comme engagé par les liens de l'honneur, aussi bien que par la sanction de ce serment et des lois, à ne commettre aucun délit contre les dispositions contenues dans le chapitre du second livre dudit Code pénal , intitulé *des Duels.* »

Toute personne élue ou choisie pour occuper une place, qui refusera ou négligera de prêter le serment et de souscrire la déclaration dont il vient d'être question , dans le délai indiqué , et de l'adresser au bureau du secrétaire-d'état , comme il va être dit dans l'article suivant , sera considérée comme ayant résigné ou refusé d'accepter l'emploi pour lequel elle avait été élue.

Art. XX. Quant à tous les employés nommés ou élus , ils devront prêter ledit serment et souscrire ladite déclaration , devant le magistrat chargé de les recevoir ; lesquels seront déposés, enregistrés et transmis conformément à la loi relative aux sermens des emplois. Pour ce qui concerne les employés en exercice au moment de la promulgation de ce Code, le serment sera prêté devant tout magistrat , et déposé, enregistré et transmis conformément à la loi relative aux sermens des emplois.